Morgen ist auch noch ein Tag,
um älter zu werden

Wir werden nicht älter
mit den Jahren,
wir werden neuer jeden Tag.

Emily Dickinson

Jeder, der sich die Fähigkeit erhält,
Schönes zu erkennen,
wird nie alt werden.

Franz Kafka

Morgen
ist auch noch ein Tag ...
um **älter**
zu werden

benno

Bibliografische Information der Deutschen Nationalbibliothek
Die Deutsche Nationalbibliothek verzeichnet diese Publikation in der Deutschen
Nationalbibliografie; detaillierte bibliografische Daten sind im Internet über
http://dnb.d-nb.de abrufbar.

**Besuchen Sie uns im Internet unter
www.st-benno.de**

Gern informieren wir Sie unverbindlich und aktuell auch in unserem Newsletter zum
Verlagsprogramm, zu Neuerscheinungen und Aktionen.
Einfach anmelden unter www.vivat.de.

ISBN 978-3-7462-6234-5

© St. Benno Verlag GmbH, Leipzig
Zusammengestellt von Volker Bauch, Gößnitz
Covergestaltung: Ulrike Vetter, Leipzig
Covermotiv: © Aleutie/Shutterstock
Layout & Gesamtherstellung: Kontext, Dresden (D)

INHALT

I   Ihr werdet euch noch wundern 6

II Ich ziehe meinen Bauch ein 30

III Ihr seht das viel zu eng 52

IV Ich singe Lieder und wir gehen tanzen 98

V   Ich fege durch die Gegend und
    trampe weiter 116

Ihr werdet euch noch wundern ...

Leicht zu leben
ohne Leichtsinn,
heiter zu sein
ohne Ausgelassenheit,
Mut zu haben
ohne Übermut,
das ist die Kunst des Lebens.

Theodor Fontane

Geburtstagsgrüsse an mich selbst

Fünfzig Jahre (1917)
Ich halte still auf meiner Fahrt
und schaudre, dass ich 50 ward.
Ich dachte, dass auf Erden
bloß andere 50 werden.
Die Zeit vertost, die Ahnung spricht:
So stirbst du einst – und glaubst es nicht.

Sechzig Jahre (1927)
Was ist unsre Rolle
in Tiefen und Höh'n
der irdischen Scholle? –
Leuchtend vergehn!
Im „Faust" scheint die volle
Wahrheit zu stehn:
„Es sei, wie es wolle,
es war doch so schön!"

Durch strahlende Strecken
stromt ich feldein –
da schau ich mit Schrecken
den Meilenstein
und holdes Gehege,
das hinter mir sank ...
Du winkst mir vom Wege?
Nimm Gruß und Dank.

Siebzig Jahre (1937)
Im Zeitenstrom
tanzt ein Atom.
Hat manche Lust empfunden
in siebzig Traumsekunden.

Bevor es in das All versank,
winkst du ihm zu ... Hab Dank. Hab Dank.

Alfred Kerr

Ja, das möcht ich noch erleben

Eigentlich ist mir alles gleich,
der eine wird arm, der andre wird reich,
aber mit Bismarck – was wird das noch geben?
Das mit Bismarck, das möcht' ich noch erleben.

Eigentlich ist alles soso,
heute traurig, morgen froh,
Frühling, Sommer, Herbst und Winter,
ach, es ist nicht viel dahinter.

Aber mein Enkel, so viel ist richtig,
wird mit Nächstem vorschulpflichtig,
und in etwa vierzehn Tagen
wird er eine Mappe tragen,
Löschblätter will ich ins Heft ihm kleben –
ja, das möcht' ich noch erleben.

Eigentlich ist alles nichts,
heute hält's, und morgen bricht's,
hin stirbt alles, ganz geringe
wird der Wert der ird'schen Dinge;
doch wie tief herabgestimmt
auch das Wünschen Abschied nimmt,
immer klingt es noch daneben:
Ja, das möcht' ich noch erleben.

Theodor Fontane

Beim Rasieren

Je schärfer die Klinge
desto jünger
mein Bild im Spiegel

Wie scharf
muß die Schneide sein
die mich wirklich jung macht?

Erich Fried

LEBENSFREUDE

Gott, ich werfe meine Freude
wie Vögel an den Himmel.
Die Nacht ist verflattert,
und ich freue mich am Licht der ersten
Strahlen ...
Was da aus uns kommt,
was da um uns ist an diesem Morgen,
das ist Dank ...
Gott, ich freue mich an der Schöpfung
und dass du dahinter bist
und daneben und davor und in uns.
Ich freue mich, Herr,
ich freue mich und freue mich.
Die Psalmen singen von deiner Liebe,
die Propheten verkündigen sie,
denn jeder Tag ist ein Zeichen
deiner Gnade.

Afrikanisches Morgengebet

Ich habe den Kampf gegen
die Falten aufgegeben,
weil nichts so viel Falten macht,
wie der Kampf gegen die Falten.

Liv Ullmann

Es gibt kein schöneres Vergnügen,
als einen Menschen dadurch
zu überraschen,
dass man ihm mehr gibt,
als er erwartet hat.

Charles Baudelaire

Die vier archimedischen Punkte

Kleine Neujahrsansprache vor jungen Leuten

In den Wochen vor und nach der Jahreswende pflegt es Ansprachen zu schneien.
Sie senken sich sanft, mild und wattig auf die raue Wirklichkeit, bis diese einer wärmstens empfohlenen, überzuckerten und ozonreichen Winterlandschaft gleicht. Doch mit dem Schnee, wie dicht er auch fällt, hat es seine eigene Bewandtnis – er schmilzt. Und die Wirklichkeit sieht nach der Schmelze, mitten im schönsten Matsch, noch schlimmer aus als vor dem großen Schneetreiben und Ansprachengestöber.
Was war, wird nicht besser, indem man's nachträglich lobt. Und das, was kommt, mit frommen Wünschen zu garnieren, ist Konditorei, nichts weiter. Es hat keinen Sinn, sich und einander die Taschen vollzulügen. Sie bleiben leer. Es hat keinen Zweck, die Bilanz zu frisieren.
Rund heraus: Das alte Jahr war keine ausgesprochene Postkartenschönheit, beileibe nicht. Und das neue? Wir wollen's abwarten. Wollen wir's abwarten? Nein. Wir wollen es nicht abwarten. Wir wollen nicht auf gut Glück und auf gut Wetter warten, nicht auf den Zufall und den Himmel harren, nicht auf die politische Konstellation und die historische Entwicklung hoffen, nicht auf die Weisheit der

Regierungen, die Intelligenz der Parteivorstände und die Unfehlbarkeit aller übrigen Büros. Wenn Millionen Menschen nicht nur neben-, sondern miteinander leben wollen, kommt es auf das Verhalten der Millionen, kommt es auf jeden und jede an, nicht auf die Instanzen. Das klingt wie ein Gemeinplatz, und es ist einer. Wir müssen unser Teil Verantwortung für das, was geschieht, und für das, was unterbleibt, aus der öffentlichen Hand in die eigenen Hände zurücknehmen. Wohin es führt, wenn jeder glaubt, die Verantwortung trüge der sehr geehrte, wertgeschätzte Vordermann und Vorgesetzte, das haben wir erlebt. Soweit wir's erlebt haben ...

Ich bin ein paar Jahre älter als ihr, und ihr werdet ein paar Jahre länger leben als ich. Das hat nicht viel auf sich. Aber glaubt mir trotzdem: Wenn Unrecht geschieht, wenn Not herrscht, wenn Dummheit waltet, wenn Hass gesät wird, wenn Muckertum sich breitmacht, wenn Hilfe verweigert wird – stets ist jeder Einzelne zur Abhilfe mit aufgerufen, nicht nur die jeweils „zuständige" Stelle. Jeder ist mitverantwortlich für das, was geschieht, und für das, was unterbleibt. Und jeder von uns und euch – und gerade von euch – muss es spüren, wann die Mitverantwortung neben ihn tritt und schweigend wartet. Wartet, dass er handle, helfe, spreche, sich weigere oder empöre, je nachdem. Fühlt er es nicht, so muss er's fühlen lernen. Beim Einzelnen liegt die große Entscheidung.

Aber wie kann man es lernen? Steht man nicht mit seinem Bündel Verantwortung wie in einem Wald bei Nacht? Ohne Licht und Weg, ohne Laterne, Uhr und Kompass?

Ich sagte schon, ich sei ein paar Jahre älter als ihr, und wenn ich bisher auch noch nicht, noch immer nicht gelernt habe, welche Partei, welche Staatsform, welche Kirche, welche Philosophie, welches Wirtschaftssystem und welche Weltanschauung „richtig" wären, so bin ich doch nie ohne Kompass, Uhr und Taschenlampe in der Welt herumgestolpert. Und wenn ich mich auch nicht immer nach ihnen gerichtet habe, so war's gewiss nicht ihr, sondern mein Fehler.

Archimedes suchte, für die physikalische Welt, den einen festen Punkt, von dem aus er sich's zutraute, sie aus den Angeln zu heben. Die soziale, moralische und politische Welt, die Welt der Menschen nicht aus den Angeln, sondern in die rechten Angeln hineinzuheben, dafür gibt es in jedem von uns mehr als einen archimedischen Punkt. Vier dieser Punkte möchte ich aufzählen:

Punkt 1: Jeder Mensch höre auf sein Gewissen! Das ist möglich. Denn er besitzt eines. Diese Uhr kann man weder aus Versehen verlieren noch mutwillig zertrampeln. Diese Uhr mag leiser oder lauter ticken – sie geht stets richtig. Nur wir gehen manchmal verkehrt.

Punkt 2: Jeder Mensch suche sich Vorbilder! Denn es existieren welche. Und es ist unwichtig, ob es sich dabei um einen großen toten Dichter, um Mahatma Gandhi oder um Onkel Fritz aus Braunschweig handelt, wenn es nur ein Mensch ist, der im gegebenen Augenblick ohne Wimpernzucken das gesagt oder getan hätte, wovor wir zögern. Das Vorbild ist ein Kompass, der sich nicht irrt und uns Weg und Ziel weist.

Punkt 3: Jeder Mensch gedenke immer seiner Kindheit! Das ist möglich. Denn er hat ein Gedächtnis. Die Kindheit ist das stille, reine Licht, das aus der Vergangenheit tröstlich in die Gegenwart und Zukunft hinüberflutet. Sich der Kindheit wahrhaft erinnern, das heißt: plötzlich und ohne langes Überlegen wieder wissen, was echt und falsch, was gut und böse ist. Die meisten vergessen ihre Kindheit wie einen Schirm und lassen sie irgendwo in der Vergangenheit stehen. Und doch können nicht vierzig, nicht fünfzig spätere Jahre des Lernens und Erfahrens den seelischen Feingehalt des ersten Jahrzehnts aufwiegen. Die Kindheit ist unser Leuchtturm.

Punkt 4: Jeder Mensch erwerbe sich Humor. Das ist nicht unmöglich. Denn immer und überall ist es einigen gelungen. Der Humor rückt den Augenblick an die richtige Stelle. Er lehrt uns die wahre Größenordnung und die gültige Perspektive. Er macht die Erde zu einem kleinen Stern, die Weltgeschichte zu einem Atemzug und uns selber bescheiden. Das ist viel. Bevor man das Erb- und Erzübel, die Eitelkeit, nicht totgelacht hat, kann man nicht beginnen, das zu werden, was man ist: ein Mensch.

Vier Punkte habe ich aufgezählt, dass ihr von ihnen aus die Welt, die aus den Fugen ist, einrenken helft: das Gewissen, das Vorbild, die Kindheit, den Humor. Vier Angelpunkte. Vier Programmpunkte, wenn man so will. Und damit habe ich unversehens selber eine der Ansprachen gehalten, über die ich mich eingangs lustig machte. Es lässt sich nicht mehr ändern, höchstens und konsequenterweise auf die Spitze treiben, indem ich, anderen geschätzten Vor- und Festrednern folgend, mit ein paar Versen schließe, mit einem selbst und hausgemachten Neujahrsspruch:

*Man soll das Jahr nicht mit Programmen
beladen wie ein krankes Pferd.
Wenn man es allzu sehr beschwert,
bricht es zu guter Letzt zusammen.*

*Je üppiger die Pläne blühen,
um so verzwickter wird die Tat.
Man nimmt sich vor, sich schrecklich zu bemühen,
und schließlich hat man den Salat.*

*Es nützt nicht viel, sich rot zu schämen.
Es nützt nichts und es schadet bloß,
sich tausend Dinge vorzunehmen.
Lasst das Programm und bessert euch drauf los.*

Erich Kästner

Nimm dir Zeit

Nimm dir Zeit zu spielen,
das ist das Geheimnis der ewigen Jugend.

Nimm dir Zeit zu lesen,
das ist der Brunnen der Weisheit.

Nimm dir Zeit zu träumen,
sie bringt dich den Sternen näher.

Nimm dir Zeit zu lachen,
das ist die Musik der Seele.

Nimm dir Zeit, freundlich zu sein,
es ist die Verbindung zum anderen.

Irischer Segenswunsch

Das Leben ist
eine Chance –
nutze sie.
Das Leben ist
Schönheit –
bewundere sie.
Das Leben ist
Seligkeit –
genieße sie.
Das Leben ist
ein Traum –
verwirkliche ihn.
Das Leben ist eine Herausforderung – stelle dich ihr.

Mutter Teresa

Freude ist keine Gabe des Geistes;
sie ist eine Gabe des Herzens.

Ludwig Börne

Auch aus Steinen,
die in den Weg gelegt werden,
kann man Schönes bauen.

Johann Wolfgang von Goethe

Alter schützt
vor Liebe nicht,
aber Liebe vor dem Altern.

Coco Chanel

Die allein sind imstande,
wahrhaft diese Welt zu genießen,
die mit der unsichtbaren Welt beginnen.

John Henry Newman

Die Bibel neu entdecken

„Wo steht das mit der nächsten Liebe!"
„In der Bibel. Man betont es aber auf dem ersten Wortteil: Nächstenliebe!"
Wolf-Rüdiger rührte am Küchenherd eine Tüte Buchstabensuppe ins kochende Wasser. „Und wo", rief seine 13-jährige Nichte vom Esstisch herüber, „wo in der Bibel steht das? Bei Romeo und Julia oder bei Maria und Joseph?"
Melanie war zu Besuch. Ihr Onkel Wolf-Rüdiger wollte mit ihr heute mal nicht zu McDonald's gehen, sondern dem Kind was Frisches kochen.
Nur zu gern gab er der jungen Nichte Auskunft über die Bibel. Wo sie doch nach den Sommerferien in den Konfirmandenunterricht kommen würde!
„Romeo und Julia stehen nicht in der Bibel", korrigierte Wolf-Rüdiger und drehte die Kochplatte auf schwächere Hitze. „Aber jede Menge andere Liebesgeschichten. Abraham und Sarah, Jakob und Rahel, David und Batseba ..."
Noch während er es bereute, einer 13-Jährigen den mörderischen Ehebruch des König David als Lektüre empfohlen zu haben, ging Melanie ins Wohnzimmer zum alphabetisch sortierten Bücherregal und hob suchend den Kopf: „Bach-Biografie, Backen mit Kindern, Baader-Meinhof-Komplex, Bildband Bayern ..."

„Die Bibel steht unter ‚H'!", rief ihr Onkel. „H wie Heilige Schrift!"
Melanie fand Gottes Wort im Ledereinband, kam zurück in die Küche und las das Inhaltsverzeichnis vor: „Ezechiel Obadja Nahum Habakuk Zephanja Haggai Sacharia Maleachi. Hä? Hört sich ja an wie der Wutausbruch eines arabischen Flüchtlings", kicherte sie. Wolf-Rüdiger ignorierte die pubertäre Respektlosigkeit.
„Das mit der Nächstenliebe", begann er freundlich und trocknete sich die Hände ab. „Gib mal her, das steht ..."
Er blätterte und blätterte, fand es aber nicht. Das zentrale, fundamentale Doppelgebot der Liebe. Bei den Zehn Geboten in Exodus 20? In der Bergpredigt, Matthäus 5? Oder in den Gleichnissen Jesu, Lukas 8?
„Liest du sie oft? Die Bibel, meine ich?" Melanie zog den Topf von der Herdplatte, bevor die grün schäumende Tütensuppe überlaufen konnte.
„Eigentlich schon, aber nicht die Dicke hier. Wir lesen morgens die Losungen."
„Wieso, habt ihr Hasen im Garten?" Das Teenagermädchen blickte suchend durchs Küchenfenster nach draußen.
„Nein. Losungen sind ausgewählte Bibelverse für jeden Tag. Nur Förster nennen Hasenköttel Losung."
„Hast du's endlich? Das mit der nächsten Liebe, meine ich."
Melanie holte zwei tiefe Teller aus dem Schrank, nahm die Suppenkelle und schöpfte auf. „Die Schöpfung zum Beispiel", fiel Wolf-Rüdiger dabei ein, „gibt's auch zwei Mal: in Genesis 1 und in Genesis 2, ab Vers 4." Noch immer

hatte der bibelfeste Onkel nicht gefunden, wonach er eigentlich suchte.

„Da steht die Geschichte von Adam und Eva, stimmt's?", fragte Melanie mit vollem Mund. „Meinst du, die waren verliebt?"

„Na klar. Warum nicht!" – „Weil Eva den einzigen nehmen musste, der da war. Fänd' ich extrem uncool."

Endlich. Mit rechts löffelnd, mit links blätternd, hatte Wolf-Rüdiger etliche Seiten der Heiligen Schrift mit Suppenspritzern beträufelt, bis er triumphierend vorlesen konnte: „Hier, Markus 12, Vers 31: Du sollst Gott den Herrn von ganzem Herzen lieben, aus ganzer Seele, mit all deinem Denken und all deiner Kraft und deinen Nächsten wie dich selbst!"

„Deinen Nächsten, nur einen, Singular?" Melanies Rückfrage verwirrte ihren Onkel. „Ja. Warum fragst du?"

Sie wurde rot und musste sich um eine feste Stimme bemühen: „Ich dachte, da steht mal was zu dem Problem ...", jetzt kämpfte sie mit den Tränen, „wenn man sich in einen Jungen verliebt hat, aber mit dem anderen noch nicht Schluss ist."

Andreas Malessa

ICH ZIEHE MEINEN BAUCH EIN ...

Wenn ihr gegessen und getrunken habt,
seid ihr wie neu geboren;
seid stärker, mutiger und geschickter.

Johann Wolfgang von Goethe

Pfannkuchen und Salat

Von Fruchtomletts da mag berichten
ein Dichter aus den höhern Schichten.

Wir aber, ohne Neid nach oben,
mit bürgerlicher Zunge loben
uns Pfannekuchen und Salat.

Wie unsre Liese delikat
so etwas backt und zubereitet,
sei hier in Worten angedeutet.

Drei Eier, frisch und ohne Fehl,
und Milch und einen Löffel Mehl,
die quirlt sie fleißig durcheinand
zu einem innigen Verband.

Sodann, wenn Tränen auch ein Übel,
zerstückelt sie und mengt die Zwiebel
mit Öl und Salz zu einer Brühe,
dass der Salat sie an sich ziehe.

Um diesen ferner herzustellen,
hat sie Kartoffeln abzupellen.
Da heißt es, fix die Finger brauchen,
den Mund zu spitzen und zu hauchen,
denn heiß geschnitten nur allein
kann der Salat geschmeidig sein.

Hierauf so geht es wieder heiter
mit unserm Pfannekuchen weiter.

Nachdem das Feuer leicht geschürt,
die Pfanne sorgsam auspoliert,
der Würfelspeck hineingeschüttelt,
sodass es lustig brät und brittelt,
pisch, kommt darüber mit Gezisch
das ersterwähnte Kunstgemisch.

Nun zeigt besonders und apart
sich Lieschens Geistesgegenwart,
denn nur zu bald, wie allbekannt,
ist solch ein Kuchen angebrannt.

Sie prickelt ihn, sie stochert ihn.
Sie rüttelt, schüttelt, lockert ihn
und lüftet ihn, bis augenscheinlich
die Unterseite eben bräunlich,
die umgekehrt geschickt und prompt
jetzt ihrerseits nach oben kommt.

Geduld, es währt nur noch ein bissel,
dann liegt der Kuchen auf der Schüssel.

Doch späterhin die Einverleibung,
wie die zu Mund und Herzen spricht,
das spottet jeglicher Beschreibung,
und darum endet das Gedicht.

Wilhelm Busch

Diät

Der schwer erkrankte Schriftsteller Mark Twain wurde im Krankenhaus auf strenge Diät gesetzt. Als er Hunger hatte und um etwas zu essen bat, bekam er nur einen Löffel Nährsalz. Der Spötter lächelte die Schwester an: „Nun bin ich satt und würde gern etwas lesen, vielleicht eine Briefmarke?"

Lechaim!

Vor vielen Jahren schenkte mein Großvater mir einen silbernen Weinpokal; er war so klein, dass er nicht mehr als einen Fingerhut voll Wein aufnahm. In den Kelch war in feiner Gravur ein Bogen, an dem lange Bänder flatterten, eingraviert. Dieser Kelch war vor langer Zeit in Russland hergestellt worden. Er gab ihn mir an einem jener vielen Nachmittage, an denen wir zusammen am Küchentisch in der Wohnung meiner Eltern saßen, Sätze aus seinen alten Büchern auswendig lernten und über die Natur des Lebens diskutierten. Ich war damals noch sehr jung, nicht älter als fünf oder sechs Jahre, und wenn ich begann, zappelig zu werden, dann verstand er meine Aufmerksamkeit wieder zu fesseln, indem er den sakramentalen Concord-Traubenwein herausholte, den er hinten im Kühlschrank aufbewahrte. Dann füllte er meinen ziselierten Pokal mit Manischevitz und gab einen Schuss Wein in seinen eigenen Pokal, einen großen silbernen Zeremonialkelch, der schon Generationen alt war. Wir brachten dann zusammen einen Trinkspruch aus. Bis dahin war die einzige andere Feier, die ich kannte, das Singen von „Happy Birthday" und das Ausblasen der Kerzen. Aber das gefiel mir noch besser.

Mein Großvater hatte mir den Trinkspruch beigebracht, den wir verwendeten. Er bestand aus einem einzigen he-

bräischen Wort, „Lechaim, was, wie er mir sagte, „Auf das Leben!" bedeutet. Er sprach es immer mit großem Enthusiasmus aus. „Heißt das, auf ein glückliches Leben, Opa?", fragte ich ihn einmal. Er schüttelte verneinend den Kopf: „Einfach nur ‚Auf das Leben!', Neshumele."
Zuerst machte mir das nicht viel Sinn, und ich rang darum, den Sinn zu verstehen. „Ist das vielleicht wie ein Gebet?", fragte ich unsicher.

„Aber nein, Neshumele", antwortete er. „Wir beten um Dinge, die wir nicht haben. Das Leben haben wir ja schon."
„Aber warum sagen wir dies dann, bevor wir Wein trinken?", bohrte ich weiter. Er lächelte mich vergnügt an. „Großvater!", sagte ich, plötzlich misstrauisch geworden. „Hast du dir das ausgedacht?" Er lächelte wieder und versicherte mir, er habe es nicht. Seit Tausenden von Jahren hätten Menschen auf der ganzen Welt das zueinander gesagt, bevor sie Wein tranken. Es sei eine jüdische Tradition.
Ich dachte eine Zeit lang darüber nach. „Steht es in der Bibel geschrieben, Opa?", fragte ich schließlich. „Nein, Neshumele", entgegnete er, „es steht im Herzen der Menschen geschrieben." Als er meinen verwirrten Gesichtsausdruck sah, sagte er mir, Lechaim bedeute, dass das Leben heilig und des Feierns wert sei, ganz gleich, welche Schwierigkeiten es uns bringe, ganz gleich, wie schwer oder schmerzvoll oder unfair es sein möge. „Deshalb ist auch der Wein süß – um uns daran zu erinnern, dass das Leben an sich ein Segen ist."
Es ist fast fünfundzwanzig Jahre her, dass ich meinen Großvater zuletzt habe sprechen hören, aber ich erinnere mich noch sehr gut an die Freude, mit der er den Trinkspruch ausgebracht hat. Aber vielleicht kann er nur von einem solchen Volk ausgebracht werden, und nur jene, die wirklichen Verlust erlitten und die sehr gelitten haben, können seine Macht verstehen.
Lechaim ist eine Weise, das zu leben. Je älter ich wurde, desto weniger schien es mir bei dem Spruch um das Fei-

ern des Lebens zu gehen, sondern immer mehr um die Weisheit, sich für das Leben zu entscheiden. In den vielen Jahren, in denen ich nun an Krebs erkrankte Menschen beraten habe, habe ich immer wieder Menschen sich für das Leben entscheiden sehen trotz Verlust und Schmerz und Schwierigkeiten. Die gleiche, nicht zum Schweigen zu bringende Freude, die ich in den Augen meines Großvaters gesehen habe, ist auch in all diesen Menschen.

Rachel Naomi Remen

Einkehr

Bei einem Wirte wundermild,
da war ich jüngst zu Gaste;
ein goldner Apfel war sein Schild
an einem langen Aste.

Es war der gute Apfelbaum,
bei dem ich eingekehret;
mit süßer Kost und frischem Schaum
hat er mich wohl genähret.

Es kamen in sein grünes Haus
viel leicht beschwingte Gäste;
sie sprangen frei und hielten Schmaus
und sangen auf das Beste.

Ich fand ein Bett zu süßer Ruh
auf weichen grünen Matten;
der Wirt, er deckte selbst mich zu
mit seinem kühlen Schatten.

Nun fragt' ich nach der Schuldigkeit,
da schüttelt' er den Wipfel.
Gesegnet sei er allezeit
von der Wurzel bis zum Gipfel.

Ludwig Uhland

Tu deinem Leib des Öfteren etwas Gutes,
damit deine Seele Lust hat, darin zu wohnen.

Teresa von Ávila

        Nach dem Essen sollst du ruhn
        oder tausend Schritte tun.
        Post cenam stabis
        aut passus mille meabis.

        Lateinisches Sprichwort

Nichts macht uns geneigter,
an ein gutes Essen zu denken,
als ein leerer Tisch.

Alexandre Dumas der Jüngere

        Geselliges Vergnügen, muntre Gespräche
        müssen einem Festmahl die Würze geben.

        William Shakespeare

Das Frühstück iss allein,
das Mittagessen teile mit dem Freunde,
das Abendbrot überlass dem Feinde.

Deutsches Sprichwort

Stiefel putzen

Jonathan Swift (1667–1745), anglikanischer Geistlicher und Autor von „Gullivers Reisen", übernachtete mit seinem Diener in einem Dorfgasthaus. Als er am Morgen seine Stiefel noch schmutzig vorfand, stellte er den Diener zur Rede. Der entgegnete: „Das Putzen lohnt sich nicht, denn die Wege sind dreckig, und so werden die Stiefel gleich wieder schmutzig." Darauf befahl Swift aufzubrechen. Der Diener wandte ein, er habe doch noch nicht gefrühstückt. Doch Swift antwortete: „Das macht nichts, du wärst doch bald wieder hungrig."

Weite

Werden enger die Kleider,
oder wird' ich denn weiter? –
Freilich sagte der Schneider,
ich mache so weit, und weiter,
als sonst ich sie machte, die Kleider.
Er stimmte damit mich heiter,
doch er betrog mich leider:
Ich selber werde nicht weiter,
er macht nur enger die Kleider.
Und braucht das Weitere weiter.

Friedrich Rückert

Des Genügsamen Trost

Behalt die Perlen und dein Gold,
behalt die Diamanten!
Was tut's, wenn auch Fortuna schmollt
durch ganze Folianten!

Es bleibt zuletzt doch etwas noch,
was muss das Herz erheben
weit über alles Unbill hoch –
und schöner macht das Leben!

Ach, wenn ich es nicht sagte dir,
du würdest's nie erraten!
Freund, morgen gibt es Märzenbier
und Heringe gebraten!

Franz Carl Spitzweg

„Gut siehst du aus, Alter!"

„Sie haben etwas abgenommen, es steht Ihnen gut." „Du hast wieder zugenommen, es steht dir gut!" Obwohl diese Begrüßungssprüche meistens der Aussage der Badezimmerwaage widersprechen, sind sie gut gemeint als freundschaftliche Lebenshilfe. „Sie sehen sehr gut aus", hört man mehrmals, wenn man in eine Gesellschaft kommt, oder: „Gut siehst du aus, Alter". Obwohl das Wort „Alter" zum Umgang eher jüngeren Leuten gehört – so wie die Anrede „mein Dicker" nur selten an gewichtige Menschen gerichtet wird –, merkt man bei solchen Begrüßungen, dass man alt ist. Als ich fünfundzwanzig oder dreißig war, wäre niemandem eingefallen, mir zu erzählen, dass ich gut aussehe – ich sah tatsächlich ganz passabel aus –, in jenem Alter war es keine Kunst. Keiner sagte mir: „Es steht dir gut" – damals stand mir alles gut.

Chamfort erzählte im 18. Jahrhundert von einem Fürsten, der bei einem anderen großen Herrn einen außerordentlich guten Wein kredenzt bekam. Er trank ihn schweigend. Das ärgerte den Gastgeber, und er setzte dem Fürsten einen sehr guten, aber viel geringeren Wein vor. Der Gast trank und sagte: „Ein vorzüglicher Wein!" – „Sie loben diesen Wein", wunderte sich der Graf, „obwohl der erste doch viel besser war ..." – „Der erste", meinte der Fürst, „hatte kein Lob nötig." So ist es.

Wann fängt man an, Menschen zu sagen, dass sie jünger aussehen? Männern so um die vierzig, Frauen wohl je nachdem, wie sie tatsächlich aussehen. Würde man es Zwanzigjährigen sagen, grenzte das an Beleidigung. Sie wollen als älter – also erwachsener – betrachtet werden. (Sie wissen noch nicht, dass Erwachsensein nur wenig von dem Alter abhängt.) Um älter zu wirken, lassen sich manche jungen Männer den Bart wachsen, auch wenn sie noch jedes Härchen extra pflegen müssen.

Bei Begegnungen mit Säuglingen behauptet man „ganz der Papa" oder „ganz die Mama". Die unschuldigen Winzlinge verstehen es nicht und sind nicht beleidigt. Die Adressaten des Lobes sind ja sowieso die Eltern, denen man

somit ihre gute Leistung und die legitime Herkunft ihrer Kinder bestätigt.
Kleinen Kindern sagt man, dass sie süß und niedlich sind, was fast immer der Wahrheit entspricht. Nur die Eltern sind manchmal anderer Meinung – auf die Meinung der Eltern legen jedoch ihre Kinder selten Wert.
Die Kleinen lobt man auch für ihre Klugheit. „Er hat schon gelernt, ‚Papa' nur zu dem Mann seiner Mutter zu sagen, nicht mehr zu allen ihren männlichen Bekannten!" – „Stellt euch vor, die Kleine fragt mich: ‚Wieso meinst du, dass die Uhr geht, sie hat doch keine Beine'! Ich weiß nicht, warum, aber das zarte Kindesalter ist die einzige Lebensperiode, in der Mensch wegen seiner Klugheit gelobt wird. Man fragt sich, was denn aus all den klugen Kindern geworden ist. In späteren Jahren kann man Lobesworte über die eigene Klugheit nur dann hören, wenn man eine gewisse Position erreicht. Sie sind dann aber selten ehrlich gemeint. Allerdings kann man als Erwachsener selbst erzählen, wie klug man ist. Es ärgert zwar die Leute, aber etwas bleibt bei ihnen hängen.
Ein wenig älteren Kindern sagt man auch: „Ach, wie groß du bist!", was die gleiche Funktion und Wirkung hat wie das „älter aussehen" bei Twens. Das Lob der Größe hört etwa im achtzehnten Lebensjahr auf. Man hört es gelegentlich wieder, wenn man bestimmte gesellschaftliche Höhen erklommen hat.
Man sieht, dass die Menschen nicht so schlecht sind, wie man allgemein glaubt. Sie sagen einem in jedem Alter, was man – wie sie meinen – gern hört.

Trotzdem, wenn man mir bei einer Party fünf-, sechsmal gesagt hat, dass ich gut aussehe, werde ich ein wenig traurig. Habe ich diesen Zuspruch tatsächlich nötig? Ich schaue unauffällig in den Spiegel. Nun ja: Gut siehst du aus. Alter!
Übrigens: Neulich sagte man mir ein paarmal, dass ich schlecht aussehe. Das hat mich auch nicht gefreut.

Gabriel Laub

EINE NEIGE WEIN

Eine Neige Wein,
eine Neige Liebe;
dass vom Abendschein
nun so viel mir bliebe,
meinen Doppelrest
langsam auszutrinken
und zum Schlafe fest
in die Nacht zu sinken.

Friedrich Rückert

Ihr seht das viel zu eng ...

Lebenskünstler
sind bereits glücklich,
wenn sie nicht
unglücklich sind.

Jean Anouilh

LEBENSWEISHEIT

Jung sein bedeutet, mit 60 oder 70 Jahren
die Liebe zum Wunderbaren zu bewahren,
das Erstaunen für die leuchtenden Dinge
und die strahlenden Gedanken;
den kühnen Glauben,
den man den Ereignissen entgegenbringt,
den unstillbaren Wunsch des Kindes für
alles, was neu ist,
den Sinn für die angenehme und fröhliche
Seite des Daseins.
Ihr werdet so lange jung sein, wie euer
Herz die Botschaft der Schönheit, der
Kühnheit und des Mutes aufnehmen wird;
die Botschaft der Größe und der Stärke,
die euch von der Welt, von einem Menschen
oder von der Unendlichkeit geschenkt
werden.

Inschrift im Parco Giardino Sigurta in Verona

Nimm dir Zeit

Nimm dir Zeit, den Himmel zu betrachten.
Suche Gestalten in den Wolken.
Höre das Wehen des Windes
und berühre das kalte Wasser.
Gehe mit leisen, behutsamen Schritten.
Wir sind Eindringlinge,
die von einem unendlichen Universum
nur für kurze Zeit geduldet werden.

Indianische Weisheit

Die Zeit

Es gibt ein sehr probates Mittel,
die Zeit zu halten am Schlawittel:
Man nimmt die Taschenuhr zur Hand
und folgt dem Zeiger unverwandt,

Sie geht so langsam dann, so brav
als wie ein wohlgezogen Schaf,
setzt Fuß vor Fuß so voll Manier
als wie ein Fräulein von Saint-Cyr.

Jedoch verträumst du dich ein Weilchen,
so rückt das züchtigliche Veilchen
mit Beinen wie der Vogel Strauß
und heimlich wie ein Puma aus.

Und wieder siehst du auf sie nieder;
ha, Elende! – Doch was ist das?
Unschuldig lächelnd macht sie
wieder die zierlichsten Sekunden-Pas.

Christian Morgenstern

Einbildung

Wir sehn mit Grausen ringsherum:
Die Leute werden alt und dumm.
Nur wir allein in weitem Kreise,
wir bleiben jung und werden weise.

Eugen Roth

Zufrieden sein ist große Kunst,
zufrieden scheinen großer Dunst,
zufrieden werden großes Glück,
zufrieden bleiben Meisterstück.

Volksweise

Die Fähigkeit,
glücklich zu leben,
kommt aus einer Kraft,
die der Seele innewohnt.

Marc Aurel

Nicht die Art der Tätigkeit macht glücklich,
sondern die Freude des Schaffens
und Gelingens.

Carl Hilty

Es gibt nur ein Mittel,
sich wohlzufühlen:

Für Kahlköpfe

Als sichres Mittel gegen Glatze
ist folgendes Rezept am Platze:
Man lass, im Lauf der nächsten Jahre
sich einfach wachsen graue Haare –
wozu der Grund sich leicht ergibt –
die färbe man nun, wie's beliebt.

Eugen Roth

Summe unseres Lebens

Sag, wie wär' es, alter Schragen,
wenn du mal die Brille putztest,
um ein wenig nachzuschlagen,
wie du deine Zeit benutztest.
Oft wohl hätten dich so gerne
weiche Arme warm gebettet;
doch du standest kühl von ferne,
unbewegt, wie angekettet.
Oft wohl kam's, dass du die schöne
Zeit vergrimmtest und vergrolltest,
nur weil diese oder jene
nicht gewollt, so wie du wolltest.
Demnach hast du dich vergebens
meistenteils herumgetrieben;
denn die Summe unseres Lebens
sind die Stunden, wo wir lieben.

Wilhelm Busch

Überlass es der Zeit

Erscheint dir etwas unerhört,
bist du tiefsten Herzens empört,
bäume nicht auf, versuchs nicht mit Streit,
berühr es nicht, überlass es der Zeit.
Am ersten Tage wirst du feige dich schelten,
am zweiten lässt du dein Schweigen schon gelten,
am dritten hast du's überwunden,
alles ist wichtig nur auf Stunden,
Ärger ist Zehrer und Lebensvergifter,
Zeit ist Balsam und Friedensstifter.

Theodor Fontane

Gebet um Gelassenheit

Schenke mir eine gute Verdauung, Herr,
und auch etwas zum Verdauen.
Schenke mir Gesundheit des Leibes
mit dem nötigen Sinn dafür,
dass ich ihn möglichst gut erhalte.

Schenke mir eine heilige Seele,
die das im Auge behält,
was gut ist und rein,
die sich nicht einschüchtern lässt
vom Bösen, sondern Mittel findet,
die Dinge in Ordnung zu bringen.
Schenke mir eine Seele,
der die Langeweile fremd ist,
die kein Murren kennt,
kein Seufzen und Klagen,
und lass nicht zu,
dass ich mir zu viele Sorgen mache
um dieses Etwas, das sich so breitmacht
und sich „Ich" nennt.
Schenke mir den Sinn für freundlichen
Humor.
Gib mir die Gnade,
einen Scherz zu verstehen,
damit ich ein wenig Glück finde im Leben
und anderen davon weitergebe.

Thomas Morus

Die zehn Regeln der Gelassenheit

1. Heute, nur heute werde ich mich bemühen, den Tag zu leben, ohne die Probleme meines Lebens auf einmal lösen zu wollen.

2. Heute, nur heute werde ich auf ein zurückhaltendes Auftreten achten: Ich werde niemanden kritisieren, ich

werde nicht danach streben, die anderen zu korrigieren oder zu verbessern – nur mich selbst.

3. Heute, nur heute werde ich in der Gewissheit glücklich sein, dass ich für das Glück geschaffen bin – nicht nur für die andere, sondern auch für diese Welt.

4. Heute, nur heute werde ich mich an die Umstände anpassen, ohne zu verlangen, dass die Umstände sich meinen Wünschen anpassen.

5. Heute, nur heute werde ich zehn Minuten meiner Zeit einer guten Lektüre widmen; wie die Nahrung für das leibliche Leben notwendig ist, so ist die gute Lektüre notwendig für das Leben der Seele.

6. Heute, nur heute werde ich eine gute Tat vollbringen, und ich werde es niemandem erzählen.

7. Heute, nur heute werde ich etwas tun, wozu ich eigentlich keine Lust habe; sollte ich es als eine Zumutung empfinden, werde ich dafür sorgen, dass niemand es merkt.

8. Heute, nur heute werde ich ein genaues Tagesprogramm aufstellen. Vielleicht halte ich mich nicht genau daran, aber ich werde es aufsetzen. Und ich werde mich vor zwei Übeln hüten: vor der Hetze und vor der Unentschlossenheit.

9. Heute, nur heute werde ich fest daran glauben – selbst wenn die Umstände mir das Gegenteil zeigen sollten –, dass die gütige Vorsehung Gottes sich um mich kümmert, als gäbe es sonst niemanden auf der Welt.

10. Heute, nur heute werde ich keine Angst haben. Ganz besonders werde ich keine Angst haben, mich an allem zu freuen, was schön ist, und an die Güte glauben.

Johannes XXIII.

Lebensregel

Willst du dir ein hübsch Leben zimmern,
musst ums Vergangne dich nicht bekümmern;
das wenigste muss dich verdrießen;
musst stets die Gegenwart genießen,
besonders keinen Menschen hassen
und die Zukunft Gott überlassen.

Willst du dir ein gut Leben zimmern,
musst ums Vergangne dich nicht bekümmern,
und wäre dir auch was verloren,
erweise dich wie neugeboren;
Was jeder Tag will, sollst du fragen,
was jeder Tag will, wird er sagen.
Musst dich an eignem Tun ergötzen,
was andre tun, das wirst du schätzen;
besonders keinen Menschen hassen
und das Übrige Gott überlassen.

Johann Wolfgang von Goethe

Jung sein!

Jung ist, wer noch staunen und sich begeistern
kann.
Wer noch wie ein unersättliches Kind
fragt: „Und dann?"
Wer die Ereignisse des Lebens herausfordert
und sich freut am Spiel des Lebens.

Ihr seid so jung wie euer Glaube.
So alt wie eure Zweifel.
So jung wie euer Selbstvertrauen.
So jung wie eure Hoffnung.
So alt wie eure Niedergeschlagenheit.

Ihr werdet jung bleiben,
solange ihr aufnahmebereit bleibt:
empfänglich für das Schöne, das Gute,
das Große,
empfänglich für die Botschaften der Natur,
der Mitmenschen, des Unfasslichen.
Sollte eines Tages euer Herz
geätzt werden vom Pessimismus,
zernagt vom Zynismus,
dann möge Gott Erbarmen haben
mit eurer Seele – der Seele eines Greises.

Marc Aurel

Erfolg

Erfolg heißt: oft viel lachen; die Achtung intelligenter Menschen und die Zuneigung von Kindern gewinnen; die Anerkennung aufrichtiger Kritiker verdienen und den Verrat falscher Freunde ertragen; Schönheit bewundern, in anderen das Beste finden; die Welt ein wenig besser verlassen ob durch ein gesundes Kind, ein Stückchen Garten oder einen kleinen Beitrag zur Verbesserung der Gesellschaft; wissen, dass wenigstens das Leben eines anderen Menschen leichter war, weil du gelebt hast. Das bedeutet, nicht umsonst gelebt zu haben.

Ralph Waldo Emerson

Das Ideal

Ja, das möchste:
eine Villa im Grünen mit großer Terrasse,
vorn die Ostsee, hinten die Friedrichstraße;
mit schöner Aussicht, ländlich-mondän,
vom Badezimmer ist die Zugspitze zu sehn –
aber abends zum Kino hast dus nicht weit.
Das Ganze schlicht, voller Bescheidenheit:
neun Zimmer – nein, doch lieber zehn!
Ein Dachgarten, wo die Eichen draufstehn,
Radio, Zentralheizung, Vakuum,
eine Dienerschaft, gut gezogen und stumm,
eine süße Frau voller Rasse und Verve –
(und eine fürs Wochenend, zur Reserve) –,
eine Bibliothek und drumherum
Einsamkeit und Hummelgesumm.

Im Stall: zwei Ponys, vier Vollbluthengste,
acht Autos, Motorrad – alles lenkste
natürlich selber – das wär ja gelacht!
Und zwischendurch gehst du auf Hochwildjagd.
Ja, und das hab ich ganz vergessen:
prima Küche – erstes Essen –,
alte Weine aus schönem Pokal –
und egalweg bleibst du dünn wie ein Aal.
Und Geld. Und an Schmuck eine richtige Portion.
Und noch ne Million und noch ne Million.

Und Reisen. Und fröhliche Lebensbuntheit.
Und famose Kinder. Und ewige Gesundheit.

Ja, das möchste!
Aber, wie das so ist hienieden:
Manchmal scheints so, als sei es beschieden
nur peu à peu, das irdische Glück.
Immer fehlt dir irgendein Stück.
Hast du Geld, dann hast du nicht Käten;
hast du die Frau, dann fehln dir Moneten –
hast du die Geisha, dann stört dich der Fächer:
Bald fehlt uns der Wein, bald fehlt uns der
Becher.
Etwas ist immer.
Tröste dich.
Jedes Glück hat einen kleinen Stich.
Wir möchten so viel: Haben. Sein. Und gelten.
Dass einer alles hat:
Das ist selten.

Kurt Tucholsky

Jetzt sind die guten alten Zeiten,
nach denen wir uns
in zehn Jahren zurücksehnen.

Peter Ustinov

        Man bleibt jung,
        solange man noch lernen,
        neue Gewohnheiten annehmen
        und Widerspruch ertragen kann.

        Marie von Ebner-Eschenbach

Schön ist, was wir sehen,
schöner, was wir erkennen,
weitaus am schönsten aber,
was wir nicht fassen können.

Niels Stensen

DIE KÜRZE DES LEBENS

Hat einer das ersehnte Amt erlangt, so wünscht er es niederzulegen und sagt immer wieder: „Wann wird dieses Jahr vorbei sein?" Jener veranstaltet Spiele, und es hat ihm viel bedeutet, dass ihm der Auftrag durch das Los zufiele. „Wann", sagt er, „werde ich diese Spiele hinter mir haben?"

Auf dem ganzen Forum reißt man sich um jenen Mann als Verteidiger, und mit riesigem Gedränge erfüllt er alles, weiter, als man ihn hören kann. „Wann werden Gerichtsferien sein?", fragt er. Jeder überstürzt sein Leben und leidet an der Sehnsucht nach dem Kommenden und am Ekel vor dem Gegenwärtigen. Der hingegen, der jeden Augenblick zu seinem Nutzen verwendet, der jeden Tag so einteilt, als wäre er sein Leben, sehnt sich nach dem folgenden Tag und fürchtet sich nicht davor. Was könnte denn noch irgendeine Stunde an neuer Lust bringen? Alles ist bekannt, alles bis zur Sättigung genossen. Über das andere mag das Glück nach Belieben verfügen – das Leben ist schon in Sicherheit. Diesem Menschen kann man noch etwas dazugeben, wegnehmen nichts; und dazugeben so wie einem schon völlig Gesättigten etwas Speise: Er nimmt es, hat aber kein Verlangen danach. Wegen grauer Haare und Runzeln brauchst du daher nicht zu glauben, einer habe lang gelebt, sondern ist lang da gewesen. Wäre es nicht Unsinn zu glauben, der habe eine weite Seereise unternommen, den ein wilder Sturm schon beim Auslaufen aus dem Hafen überfallen und hierhin und dorthin getragen im Wechsel der gegeneinander wütenden Winde immer dieselbe Bahn im Kreis herumgetrieben hat? Er hat nicht eine weite Seereise unternommen, sondern ist viel herumgeworfen worden.

Ich muss mich immer wundern, wenn ich sehe, wie manche Menschen um Zeit bitten und die anderen sich ohne Weiteres darum bitten lassen: Beide achten auf das, weswegen um Zeit gebeten wurde, keiner auf sie selbst: wie wenn ein Nichts erbeten, ein Nichts gegeben würde. Mit dem Allerkostbarsten treibt man ein Spiel; aber man nimmt es nicht wahr, weil es etwas Unkörperliches ist, weil man es nicht zu Gesicht bekommt; deswegen schätzt man es so gering ein, ja misst ihm fast keinen Wert bei. Trotzdem darfst du nicht glauben, diese Leute wüssten nicht, wie wertvoll die Sache ist: Immerzu sagen sie denen, die sie besonders gern haben, sie seien bereit, ihnen einen Teil ihrer Jahre zu schenken. Sie geben, ohne zu begreifen. Sie geben nämlich so, dass sie sich um etwas bringen, ohne dass die anderen etwas davon hätten. Aber eben das, wovon sie sich etwas entziehen, kennen sie nicht: Deswegen ist ihnen der Schaden erträglich, bleibt doch der Verlust verborgen.

Niemand wird dir die Jahre zurückholen, niemand wird dich dir noch einmal wiedergeben; das Leben wird gehen, wie es begonnen hat, und seinen Lauf weder umkehren noch anhalten: Es wird keinen Lärm machen, nicht an seine Geschwindigkeit erinnern; lautlos wird es dahinfließen. Nicht durch den Befehl eines Königs, nicht durch die Gunst des Volkes wird es sich verlängern; wie es am ersten Tag seinen Lauf begonnen hat, wird es weiterlaufen, nirgends wird es weiterlaufen, nirgends verweilen. Was wird geschehen? Du steckst in Geschäften, das Leben eilt dahin; unterdessen wird der Tod vor dich treten, für den du Zeit haben musst, ob du willst oder nicht.

Kann es etwas Törichteres geben als das Denken der Menschen, ich meine jener, die sich ihrer Klugheit rühmen? Allzu mühsam sind sie beschäftigt: Auf Kosten ihres Lebens richten sie ihr Leben ein, um besser leben zu können. Sie legen ihre Pläne auf lange Sicht an. Aber der größte Verlust an Leben ist das Aufschieben: Es entreißt uns einen Tag nach dem andern, es bringt uns um das Gegenwärtige, indem es Entferntes verspricht.

Das größte Hindernis für das Leben ist die Erwartung, die am Morgen hängt und das Heute vertut. Du schaltest mit dem, was in der Hand des Schicksals liegt; was in deine Hand gelegt ist, lässt du dir entgehen. Worauf richtet sich dein Blick? Wonach streckst du die Hand aus? Alles Zukünftige liegt im Ungewissen. Jetzt gleich lebe!

Seneca

Das Leben ist wundervoll.
Es gibt Augenblicke,
da möchte man sterben.
Aber dann geschieht etwas Neues
und man glaubt, man sei im Himmel.

Edith Piaf

        Die Leute, die nicht
        zu altern verstehen,
        sind die gleichen,
        die nicht verstanden haben,
        jung zu sein.

        Marc Chagall

All die Leute,
die über sich selbst lachen können,
die sind schon auf dem richtigen Weg.

Sprichwort

Ich verstehe nicht, warum die Menschen
so viel Verlangen nach Reichtum haben.
Reichtum ist einfach ein Überfluss an dem,
was wir nicht brauchen.

Abraham Lincoln

> Das Älterwerden
> ist wie eine Bergbesteigung:
> Je höher man kommt, desto müder
> und kurzatmiger wird man,
> aber dafür weitet sich
> der Blick immer mehr.
>
> *Ingmar Bergman*

Man ist so alt, wie man ist

An einem der letzten Tage – genauer gesagt: am heutigen Morgen – überkam mich der hässliche Gedanke, dass ich vielleicht nicht mehr ganz so jung bin wie früher. Damit will ich nicht sagen, dass mich mein plötzlicher Geburtstag in Panik versetzt hätte. In meinen Augen sind Geburtstage nichts Besonderes. Ich hatte schon welche, und sie haben mich nicht beeindruckt. Was ich verabscheue, ist die übertriebene, die sozusagen unrealistische Anzahl dieser Geburtstage, sind die Ziffern, mit denen sie bezeichnet werden. Was soll das heißen: Heute bin ich 50 Jahre alt? Ich war noch nie 50, ich war die ganze Zeit jünger. Da steckt irgendwo ein Fehler. Die Leute vom Meldeamt sollten besser aufpassen. Nach meinem eigenen Dafürhalten, ich meine nach dem Eindruck, den ich von mir selbst habe, bin ich noch nicht einmal über die Ziffer 30 hinaus. Es könnte sogar sein, dass ich im kommenden November erst 29 werde oder etwas Ähnliches. Was will man von mir? Ein entscheidendes Argument zu meinen Gunsten ist die hervorragende körperliche Verfassung, in der ich mich befinde. Ich gehe, sitze und stehe wie in meinen besten Jugendtagen, ich habe noch immer meine sämtlichen Augen und Ohren, meine Nase befindet sich auf dem gewohnten Platz. Offenbar handelt es sich bei dem mir von den Be-

hörden aufgezwungenen Alter um einen Computerfehler. Die Veränderungen, die sich im Lauf der Jahre bemerkbar gemacht haben, fallen kaum ins Gewicht. Schön, ich renne nicht mehr hinter Taxis her, sondern rufe nach ihnen, und ich benutze lieber den Aufzug, als weiß Gott wie viele Stockwerke zu ersteigen. Auch lässt sich nicht leugnen, dass meine Hausapotheke immer größer und nach jeder Auslandsreise bunter wird. Das liegt an unserem Klima. Ich kann mich noch erinnern, dass ich einmal quer durch den Plattensee geschwommen bin, um ein besonders intelligentes Mädchen zu treffen. Gestern, als ich mit meinen Kindern ins Strandbad ging und von ihnen aufgefordert wurde, ins Wasser zu springen, hatte ich keine Lust dazu. Einfach keine Lust. Überhaupt keine ... Ehrlich gesagt: Ich bin verzweifelt. Das letzte Mal erlebte ich eine solche Verzweiflung, als ich 19 wurde und wusste: Jetzt werde ich alt. Mein peinlicher Zustand wird mir bei jeder Gelegenheit vor Augen geführt. Erst vor wenigen Wochen sah ich im Bus eine jammervoll verwelkte Frauengestalt sitzen, die Einkaufstasche zwischen den knochigen Knien, das hässliche Gesicht voller Runzeln und Falten. Es war ein richtiger Schock für mich, als ich plötzlich entdecken musste, dass ich dieser abstoßenden Erscheinung in meiner Jugend den Hof gemacht hatte. Armes Ding, dachte ich bei mir. Das ist alles, was von diesem einstmals so attraktiven Mädchen übrig geblieben ist. Ich hätte sie kaum erkannt ... Und während ich von heißen Wogen des Mitleids überflutet wurde, erhob sich das einstmals so attraktive Mädchen und bot mir

ihren Platz an. Oder meine sechsjährige Tochter Renana. Wir sitzen zu Hause vor dem Bildschirm und sehen den Film „Ben Hur", in dem es bekanntlich von römischen Soldaten und frühen Anhängern des Christentums nur so wimmelt. „Mami", lässt sich Renanas piepsende Stimme vernehmen, „war Papi damals schon dabei?" Kein Zweifel: Ich wirke älter, als ich bin. Selbst wenn man die zwei Jahre abzieht, die ich mit dem Wählen besetzter Telefonnummern verbracht habe, bleibt noch genug übrig. Natürlich hat das nichts Konkretes zu bedeuten, es ist eine Angelegenheit abstrakter Gedankengänge, man denkt und denkt, und plötzlich kann man sich an nichts mehr erinnern. Wenn ich nicht sofort alles aufschreibe, was mir durch den Kopf geht, vergesse ich es in Sekundenschnelle, und es ist für die Nachwelt verloren. Besonders häufig vergesse ich Gesichter. Gute Freunde, liebe alte Bekannte, ja sogar Familienangehörige begegnen mir auf der Straße, und ich habe keine Ahnung, woher ich sie kenne. Selbstverständlich erwidere ich ihren Gruß mit freundlichem Lächeln und herzlichem Winken, aber das täuscht nur mich, nicht sie. „Sommer 55", klärt mich so einer mit beleidigter Miene auf. „Brindisi. Na?" „Ach ja!", jauchze ich. „Brindisi! Wie geht's denn immer, alter Junge?" Und ich entferne mich eilends, ohne seine Auskunft abzuwarten. Wer ist er? Und was ist Brindisi? Nicht einmal meine Feinde behalte ich im Gedächtnis. Damit gerate ich in den Ruf der Toleranz. Das ist das Ende. Es fällt mir auch immer schwerer, Namen zu behalten. Seit einiger Zeit spreche ich die jungen Damen, mit denen ich zu tun habe, ausnahmslos mit dem gleichen Namen an („Puppe"), damit keine unangenehmen Verwechslungen entstehen. Noch größere Schwierigkeiten bereitet mir der Konsum von Literatur. Seit bald einem Jahr lese ich Solschenizyns Erzählung „Ein Tag im Leben des Iwan Denisowitsch" und komme über die ersten fünf Seiten nicht hinaus. Auf Seite 5 nämlich heißt es: „Gablubtschik", sagte Wladimir Pruschtschenko und wandte sich zu Parslejewitsch Tschuprschik um, der am Gartenzaun mit Pjotr Nikolajewitsch Jusnjezewisky plauderte. An dieser Stelle bleibe ich unweigerlich stecken, die Namen verschwimmen vor meinen Augen, ich kann die handelnden Personen nicht mehr voneinander unterscheiden und fange das Buch wieder von vorne zu lesen an. Andererseits gibt es auch Dinge, die mit ehernen Lettern in mein Gedächtnis geprägt sind. Zum Beispiel die Aufstellung der ungarischen Fußballnationalmannschaft aus dem Jahre 1930. Man kann mich mitten in der Nacht aufwecken und ich leiere sie fehlerlos herunter: Kohun, Toldi, Dr. Sarosi und natürlich Turay II, der damals den österreichischen Mittelstürmer Sindelar vollkommen kaltgestellt hat ... Aber sonst herrsch in meinem Gedächtnis dichter Nebel. Obwohl man mir das, wie ich schon angedeutet habe, nicht ansieht. Niemand würde mich für älter als 47 halten oder höchstens 48 ½. Vielleicht rührt das daher, dass ich Tennisschuhe trage. Erst gestern begegnete ich den ungebetenen Trostversuchen einer jugendlichen Zeitgenossin mit den Worten: „Mein liebes Fräulein, ich bin lieber 25 und sehe wie 52 aus als umgekehrt." Dagegen lässt sich schwer etwas sagen, und die junge Dame sah auch dementsprechend dämlich drein. Die Leute scheinen es darauf angelegt zu haben, mir auf die Nerven zu gehen. Zum Beispiel kommt irgendein Idiot auf mich zu und erklärt mir, dass man so alt ist, wie man sich fühlt. Ein gefährlicher Blödsinn. Das Alter ergibt sich aus der Summe der Lebensjahre, da braucht man gar nichts zu fühlen. Man braucht nur den Reisepass zu öffnen und das Geburtsdatum nachzulesen. Und wenn man einem Passfoto zu ähneln beginnt, ist es Zeit, dem Leben Adieu zu sagen. Allerdings kommen mit dem Alter auch die Segnungen der Weisheit und der heiteren Entsagung. Ich bin ein solcher Fall. Ich beneide niemanden mehr um irgendetwas. Ich nicht. Das Einzige, was mich noch erbittern kann, ist ein Mann in meinen Jahren, der jünger und sportlicher aussieht als ich. Ich denke da an einen ganz bestimmten Versicherungsagenten, der mir um mindestens zwei Monate voraus ist und trotzdem, im Gegensatz zu meinem silbrigen Schopf, kein weißes Haar aufzuweisen hat. „Wie kommt es", fragte ich ihn, „dass Sie immer noch Ihr jugendliches Schwarzhaar besitzen?" „Eine Sache der Disziplin", antwortete er mit hämischem Grinsen. „Wenn man einmal über 40 ist, muss man etwas unternehmen. Sehen Sie mich an. Ich stehe jeden Morgen um sechs Uhr auf, jawohl um sechs, nehme eine eiskalte Dusche, reibe meinen Körper mit einer harten Drahtbürste ab, mache am Strand einen Dauerlauf von mindestens drei Kilometern, jawohl täglich, gehe jeden zweiten Tag in die Sauna, ernähre mich hauptsächlich von Früchten und Joghurt, spiele Tennis, reite, lese den „Playboy", nehme teil am pulsierenden Leben und außerdem ..." „Was?" fragte ich atemlos. „Außerdem lasse ich mir die Haare färben."

Ephraim Kishon

Der höchste Genuss besteht
in der Zufriedenheit
mit sich selbst.

Jean-Jacques Rosseau

        Gegen ein hohes Alter
        kann man nichts machen.
        Aber man kann versuchen,
        möglichst lange alt zu sein.

        Johannes XXIII.

Verschiebe nicht auf morgen,
was genauso gut auf übermorgen
verschoben werden kann.

Mark Twain

WELTLAUF

Ein Mensch, erst zwanzig Jahre alt,
Beurteilt Greise ziemlich kalt
Und hält sie für verkalkte Deppen,
Die zwecklos sich durchs Dasein schleppen.
Der Mensch, der junge, wird nicht jünger:
Nun, was wuchs denn auf *seinem* Dünger?
Auch er sieht, dass trotz Sturm und Drang,
Was er erstrebt, zumeist misslang,
Dass, auf der Welt als Mensch und Christ
Zu leben, nicht ganz einfach ist,
Hingegen leicht, an Herrn mit Titeln
Und Würden schnöd herumzukritteln.
Der Mensch, nunmehr bedeutend älter,
Beurteilt jetzt die Jugend kälter
Vergessend frühres Sicherdreisten:
„Die Rotzer sollen erst was leisten!"
Die neue Jugend wiedrum hält ...
Genug – das ist der Lauf der Welt!

Eugen Roth

Geld verdienen

Der schweizerische Naturforscher Louis Agassiz (1807–1873), ein Gegner des Darwinismus, wurde zu einem Vortrag eingeladen, lehnte aber ab. Mit einem hohen Honorar versuchte man, ihn zu überreden. Doch Agassiz entgegnete: „Ich will meine Zeit nicht damit vergeuden, Geld zu verdienen."

Meine Uhr

Meine schöne neue Uhr ging nun schon anderthalb Jahre weder vor noch nach, sie war kein einziges Mal stehen geblieben und an dem Werk war nichts zerbrochen. Nunmehr galt mir ihr Urteil über die Tageszeit für völlig untrüglich, ihre Lebenskraft und ihr Knochenbau für unzerstörbar. Aber endlich ließ ich sie eines Abends doch ablaufen. Ich trauerte darüber, als sei dies Versehen ein Vorbote von kommendem Unheil und Missgeschick. Erst allmählich wurde meine Stimmung wieder heiterer, ich zog die Uhr auf, stellte sie nach Gutdünken und schlug mir alle abergläubigen Gedanken und trüben Ahnungen aus dem Sinn. Am nächsten Morgen trat ich in den Laden des ersten Uhrmachers der Stadt, um meine Uhr genau nach richtiger Zeit zu stellen. Der Herr nahm sie mir aus der Hand, um dies Geschäft für mich zu besorgen. „Sie geht vier Minuten nach", sagte er dabei, „der Regulator muss vorgerückt werden." Ich versuchte ihn daran zu hindern, versuchte ihm begreiflich zu machen, dass der Gang der Uhr unübertrefflich sei. Vergebens – der Kohlkopf in Menschengestalt sah nur das eine: Die Uhr ging vier Minuten nach und der Regulator musste vorgestellt werden. Ich bat und flehte, er solle es nicht tun, ich sprang in meiner Seelenpein um ihn herum, aber alles umsonst. Mit kaltblütiger Grausamkeit vollbrachte er die schändliche Tat. Von da ab begann meine Uhr zu laufen – schneller und schneller, Tag für Tag. Innerhalb einer Woche geriet sie in ein wahres Fieber, ihr Puls stieg bis auf hundert und fünfzig Grad im Schatten. Noch ehe zwei Monate zu Ende waren, hatte sie alle Uhren der Stadt weit hinter sich gelassen und war vierzehntehalb Tage vor dem Kalender voraus. Noch hing das bunte Oktoberlaub an den Bäumen und sie tummelte sich schon mitten im Novemberschnee. Die Zahltage für die Hausmiete, für alle fälligen Rechnungen und sonstigen Schulden kamen in so wahnsinniger Hast näher, dass ich mir schier kaum mehr zu helfen wusste. So brachte ich sie denn zum Uhrmacher, um sie regulieren zu lassen. Dieser fragte mich, ob sie schon jemals repariert worden sei. Als ich das mit dem Bemerken verneinte, es sei noch nicht nötig gewesen, glitt ein boshaftes Lächeln über seine Züge. Gierig öffnete er die Uhr, guckte hinein, klemmte sich ein Ding ins Auge, das aussah wie ein kleiner Würfelbecher und betrachtete das Räderwerk genau. „Sie muss gereinigt und geölt werden", sagte er, „und außerdem reguliert; – fragen Sie in einer Woche wieder nach." Gereinigt, geölt und reguliert war meine Uhr; aber nun ging sie schrecklich langsam, ihr Ticken klang wie Grabgeläute. Ich versäumte alle Eisenbahnzüge, hielt keine meiner Verabredungen ein und kam wegen Verspätung um mein Mittagessen. Allmählich machte meine Uhr aus drei Tagen vier; zuerst wurde es bei mir gestern, dann vorgestern, dann letzte Woche; ich geriet immer weiter ins Hintertreffen und konnte mich nicht mehr

in die jetzige Welt finden. Wieder begab ich mich zum Uhrmacher. Er nahm in meinem Beisein die Uhr ganz auseinander und sagte, der Zylinder sei „gequollen", in drei Tagen könne er ihn aber wieder auf das richtige Maß bringen. Hierauf ging die Uhr im Durchschnitt gut, aber auch nur im Durchschnitt. Den halben Tag lang raste sie wie im Donnerwetter unter fortwährendem Schnarren, Quieken, Schnauben und Schnaufen, sodass ich vor dem Lärm meine eigenen Gedanken nicht hören konnte. Keine Uhr im ganzen Lande hätte vermocht, sie einzuholen in ihrem tollen Lauf. Den Rest des Tages blieb sie allmählich immer mehr zurück und trödelte derart, dass sie ihren ganzen Vorsprung einbüßte und sämtliche Uhren ihr wieder nachkamen. Einmal in vierundzwanzig Stunden war sie aber ganz auf dem richtigen Fleck und gab die Zeit genau an. Dies hielt sie pünktlich ein und niemand hätte daher behaupten können, sie tue weniger als ihre Pflicht und Schuldigkeit oder mehr. An die Tugend einer

Uhr stellt man jedoch höhere Ansprüche, als dass sie nur im Großen und Ganzen richtig geht. Ich trug sie daher abermals zum Uhrmacher. Er sagte, der Hauptzapfen wäre zerbrochen und ich sprach ihm meine Freude darüber aus, dass der Schaden nicht größer sei. Offen gestanden hatte ich noch nie etwas von einem Hauptzapfen gehört, aber ich wollte mich doch einem Fremden gegenüber nicht unwissend zeigen. Der Zapfen ward ausgebessert, aber das half nur wenig. Die Uhr ging jetzt eine Weile und dann blieb sie wieder eine Weile stehen, ganz nach ihrem Belieben. Jedes Mal, wenn sie losging, tat sie einen Rückschlag wie eine Muskete. Ein paar Tage lang wattierte ich mir die Brusttasche aus, schließlich trug ich die Uhr aber zu einem andern Uhrmacher. Der zerpflückte sie in lauter einzelne Stücke, drehte die Trümmer vor seinem Vergrößerungsglas hin und her und meinte, es müsse an der Hemmung etwas nicht in Ordnung sein. Das besserte er aus und setzte die Uhr wieder zusammen. Nun ging sie gut – nur alle zehn Minuten schlossen sich die Zeiger wie eine Schere und machten die Runde gemeinsam weiter. Der Weiseste unter den Menschenkindern würde von solcher Uhr nicht herauskriegen können, was die Glocke geschlagen hat. Ich ging also wieder hin, um dem Übelstand abhelfen zu lassen. Jetzt meinte der Mensch, der Kristall sei verbogen und die Spiralfeder krumm, auch müsse ein Teil des Werkes neu gefüttert werden. Alle diese Schäden beseitigte er und meine Uhr ließ nun nichts zu wünschen übrig, nur dann und wann, nachdem sie etwa acht Stunden regelmäßig gegangen war, geriet bei ihr inwendig alles in Bewegung, sodass sie zu summen begann wie eine Biene und die Zeiger sich stracks so flink im Kreise drehten, dass man sie nicht mehr unterscheiden konnte, sie sahen aus wie ein zartes Spinngewebe auf dem Zifferblatt. In sechs oder sieben Minuten hatte sie die ganzen nächsten vierundzwanzig Stunden durchwirbelt, dann gab es einen Krach und sie stand still. Mit schwerem Herzen ging ich wieder zu einem andern Uhrmacher und sah, wie er das Werk auseinandernahm. Dabei rüstete ich mich, ein Kreuzverhör mit ihm anzustellen, denn das Ding war mir jetzt über den Spaß. Ursprünglich hatte die Uhr zweihundert Dollars gekostet und ich musste jetzt für Reparaturen zweitausend bis dreitausend ausgegeben haben. Während ich so dastand und dem Manne zusah, kam er mir plötzlich bekannt vor. Nein, ich irrte mich nicht – der Uhrmacher war ein früherer Dampfbootmaschinist, und zwar nicht einmal ein guter. Er betrachtete alle Teile sorgfältig, gerade wie die andern Uhrmacher auch, und fällte dann seinen Urteilsspruch mit derselben Zuversicht. Er sagte: „Sie macht zu viel Dampf – wir müssen den stellbaren Schraubenschlüssel an das Sicherheitsventil hängen!" Ich schlug ihm auf der Stelle den Schädel ein und ließ ihn auf meine Kosten beerdigen. Mein Onkel William (Gott hab' ihn selig!) pflegte zu sagen, ein gutes Pferd sei ein gutes Pferd, bis es einmal durchgegangen wäre, und eine gute Uhr eine gute Uhr, bis sie den Reparierern in die Hände fiele. Er zerbrach sich oftmals den Kopf, was denn eigentlich aus allen verdorbenen Kesselflickern, Büchsenmachern, Schustern, Grobschmieden und Maschinisten in der Welt schließlich würde – aber niemand konnte ihm je Auskunft geben.

Mark Twain

Tu' ich einen Spaziergang machen

Tu' ich einen Spaziergang machen,
beschäft'gen mich allerlei Sachen.
In das Kommende oder in Zukunftsrätsel sich versenken,
Tod und Sterben überdenken,
gibt es so was wie Fortschritt auf Erden
oder werden wir alle russisch werden,
sollen wir was für den Himmel tun:
Alle diese Fragen ruhn.

Immer nur allerkleinste Sachen
dürfen einen Anspruch machen:
Warum sind Müllers ausgeblieben?
Warum hat Schulze nicht geschrieben?
Werd' ich der Meyer im Park begegnen?
Wird es Schönwetter oder wird es regnen –
und im Immer-weiter-Schreiten
wechseln so die Nichtigkeiten.

Theodor Fontane

Ich singe Lieder und wir gehen tanzen

Mit Gesang kann man alle seine Krankheiten verscheuchen.

Miguel de Cervantes-Saavedra

An die Alten

Väter, stört uns nicht im Tanze!
Kommt und mischt euch in die Reihen,
wenn ihr gleich mit Krücken tanzet!
Tanzt, ihr Väter, mit den Töchtern,
geht, ihr Söhne, holt die Mütter,
tragt sie tanzend auf den Armen
oder lasst die alten Rücken
auf den jungen Rücken tanzen!
Schüttelt Väter, schüttelt Mütter,
dass das kalte Blut erwärme,
dass das Feuer in den Adern
noch einmal für Wollust brenne,
wie es in der Jugend brannte,
damals, als ihr Söhne wurdet!
Väter, fühlt die Freude wieder,
die ihr in der Jugend fühltet,
nehmt die Mütter bei den Hälsen,
herzt und küsst sie, bis sie lachen!
Wälzt die Falten von der Stirne,
lasst die Jugend wieder blühen!
Was ist besser als die Jugend?
Was ist schöner als der Frühling?

Johann Wilhelm Ludwig Gleim

Beschwerdebrief an Friedrich den Grossen

Sie gaben oft, mich zu entzücken,
auf dass ich Partner Ihrer Muse sei,
ein Werk von Ihnen mir aus freien Stücken
und nehmen jetzt doch hinter meinem Rücken
'ne x-beliebige Arznei!

Ich bin doch der geborne Kranke,
und was an Wurzel, Kraut und Ranke
nur irgend hilft, das kenn ich gut.
Wir haben doch dieselben Leiden,
und dass Sie neuerdings vermeiden,
mich einzuweihn: Wie weh das tut!

Voltaire

Ouvertüre

Grüß Gott
Vieledle Herren
Und wohlgeformte Damen

Wenn Sie erlauben
Beginne ich mit einer Ouvertüre
Die den Titel trägt
Des Winters Süße
Le sucre de l'hiver
Der kurzen Tage Schmerzen
Am Abend
Durch herzliche Musik
Zu lindern
War stets des Spielmanns
Beste Gabe

Nicht optimistisches Gesinge
Sondern
Des Winters Süße
Le sucre de l'hiver
So heißt die Ouvertüre

Man kann das Vorspiel selbstverständlich
Auch im Frühling spielen
Dann nennt man es naturgemäß
Le sucre du printemps

Nicht zu verwechseln
Mit Strawinskys Le sacre du printemps
In Kennerkreisen weiß man da genau zu unterscheiden
Zwischen Le sucre und Le sacre

Im Sommer
Heißt die Ouvertüre
Le sucre de l'été
Im Herbst
Le sucre de l'automne

Im Winter
Wie gesagt
Le sucre de l'hiver
Wörtlich natürlich Winterzucker
Poetisch aber Wintersüße

Man kann die Ouvertüre x-beliebig lange spielen
20 Sekunden oder der Minuten 20 30 40
Dies bleibt dem Spieler völlig überlassen

Der Komponist ist unbekannt
Man weiß nicht mal ob er gelebt
Und wenn
Weiß man nicht wo und wann
Wenn wo und wann
Weiß man nicht wie

Die Ouvertüre wird schon mal gespielt
In orthodoxen Gotteshäusern
Und in den Kneipen an den Küsten Irlands
Ansonsten wird sie selten aufgespielt

Ich spiel sie fast den ganzen Tag
Und zwar nicht nur wie jetzt als Vorspiel
Vor vielen angeseh'nen Leuten
Sondern besonders oft
Wenn ich allein sein will
Dann spiel ich sie so lang
Bis alle Gäste ohne Gruß
Nach Hause gehen

Und nun zur Wissenschaft

Man spricht bei diesem Werk besonders gern
Von einer linearen Horizont-Musik
Weil einerseits der kleine Finger meiner rechten Hand
Stets auf dem zweigestrich'nen G stur liegen bleibt
Und andererseits der Daumen und der Zeige- und
der Mittelfinger
Eben derselben Hand
Gleichzeitig mit den Tönen
ACD und HDE und CDE und DEF und GCD und
CDES
Gar keine Melodie
Sondern
Orchestrale Quantität erreichen

Sehr interessant
Dass hier wahrhaftig
Wie bei Strawinskys Anfang zu Le sacre du printemps
Das gleiche Komponierprinzip
Ward kongenial favorisiert
Wenn nicht sehr interessant
Dann merkwürdig genug
Schön

Es laufen weiter parallel dazu dann in der linken Hand
Ganz unaufhörlich um nicht zu sagen monomanisch
Die welt-berüchtigten Akkorde in der Folge
D moll 7
G 7
C major 7 oder auch CJ 7
Und ein
Cis vermindert
Oder ist ein A dabei
A 7 minus 9
Zuweilen sagt man auch A 7 mit ner kleinen None
Oder
Der dominante Septakkord mit einer kleinen None
über A
Wenn in der Tat ein A dabei
Bei mir ist allerdings kein A dabei

Also:
Musik die auf der Stelle tritt
Und sich auch nicht durch alle Jahreszeiten

Irritieren lässt
Provokation und doch Verweile doch
Du bist so schön
O Augenblick
Verweile doch
Sagt glaub ich Goethe
Des Winters Süße
Le sucre de l'hiver.

Hanns Dieter Hüsch

Musik und Rhythmus finden
ihren Weg zu den geheimsten
Plätzen der Seele.

Platon

                Der Ton ist es,
                der die Musik macht.

                Sprichwort aus Frankreich

Musik ist das Geräusch,
das denkt.

Victor Hugo

Ich habe meine Aufgabe immer
darin gesehen, die Musik vor
dem Lärm zu schützen.

Andrés Segovia Torres, Marquis of Salobreña

                        Das mag die beste Musik sein,
                        wenn Herz und Mund stimmt überein.

                        Deutsches Sprichwort

Vier Harmonien

Wie Sie wissen spiel ich immer nur 4 Harmonien
Ob in Bremen oder Stuttgart oder Wien
Ob in Tokio in London in Saarbrücken
Ich spiel die vier in allen meinen Stücken

Mal als Walzer mal als Foxtrott und Choral
Ganz egal ich spiel die viere jedes Mal
Ob die Leute trampeln brüllen oder zischen
Ob sie lachen oder sich die Äuglein wischen
Ob auf Stühlen oder manchmal auch an Tischen
Alle Menschen wissen ganz genau inzwischen:

Das ist der Mann mit den 4 Harmonien
Und die hört man von Kalkutta bis Berlin
Sogar in Nightclubs und auf Friedensfestivals
In der Arktis und in Rheinland-Pfalz

Jeder weitere Akkord wäre Hochverrat
Und für meine Musik gar nicht adäquat
Alles würde dann auch viel zu desolat
Denn ich halt mich für die Klassik stets parat:

Denn ich will Klassiker werden, ich will Klassiker werden
Das ist das Höchste auf Erden, ich will Klassiker werden
Das erreicht man aber nur durch Reduzierung
Mit meiner Allerweltsharmonisierung.

Hanns Dieter Hüsch

SCHALLPLATTEN OHNE SCHALL

Einem alten jüdischen Brauchtum folgend, kaufe ich alljährlich eine Langspielplatte. Es ist schön, am feierlich geschmückten Tisch zu sitzen und eine neue Langspielplatte zu hören. Es ist ein kleines Wunder für sich. Und es hält genauso lange vor wie das große: Nach acht Tagen haben wir die Platte satt und begraben sie bei den anderen, die wir satthaben und nie mehr hören wollen. So muss ich Jahr für Jahr eine neue Platte kaufen, und das tat ich auch diesmal wieder. Die gewaltige Zahl der inzwischen auf den Markt geworfenen Produkte ließ mich erbleichen. „Entschuldigen Sie", wandte ich mich an eine der Verkäuferinnen, ein anmutiges junges Mädchen, und wies auf ein Plattencover, das unter dem Titel „Gezwitscher aus dem Wienerwald" ein anmutiges Mädchen auf einer Waldlichtung zeigte. „Was ist das?" „Das ist eine Originalaufnahme aus dem Wienerwald", antwortete das anmutige Mädchen hinter dem Verkaufspult. „Hauptsächlich für Städter, die zu Hause gerne ein wenig Vogelgezwitscher hören möchten. Eine volle Stunde Zirpen und Zwitschern, Stereo. Wollen Sie es haben?" „Eigentlich nicht", gab ich zurück. „Mir genügt das Zirpen und Zwitschern meines Töchterchens Renana." Eine weitere Durchsicht des umfangreichen Materials förderte immer unwahrscheinlichere Extreme zutage. Das Feld der klassischen Musik mit all seinen Opern, Symphonien, Ouvertüren und Oratorien ist ja längst abgegrast. Jazz, Beat und Pop haben ihre Ein-Stunden-Schuldigkeit getan. Chöre, Sängerknaben, Wunderkinder und liturgische Gesänge sind von Tanz- und Turnplatten abgelöst worden. Jetzt hält man bei Bestsellern in Prosa und bei den großen Dramen der Weltliteratur. „Vielleicht wollen Sie zu Hause den Hamlet spielen?", fragte das anmutige Mädchen. „Wir haben gerade die einstündige Langspielaufnahme der Old-Vic-Produktion hereinbekommen. Eine interessante Novität: Hamlets Text ist ausgespart, sodass ihn der Zuhörer selbst sprechen kann, und die größten englischen Schauspieler antworten ihm auf Stichwort ..." „Vielen Dank", sagte ich. „Ich suche eine Platte für meine Frau." „Leider", sagte die Anmutige. „Eine Ophelia-Aufführung haben wir nicht." Wir gingen durch die weiteren Vorräte und stießen auf „Nixons Rede in Ostberlin", „Yehudi Menuhin liest das Alte Testament" und „Original-Tonaufnahmen von der Rennbahn in Ascot". „Halt – haben Sie vielleicht das Fußballmatch England gegen Ungarn?" „Bedaure. Ausverkauft." Das anmutige Mädchen schlug mir eine Trappistenplatte vor: „Stille im Kloster von Grâce de Dieu". Ich log ihr vor, dass wir diese Platte schon hätten. Und die Langspielplatte „Die Wiener Sängerknaben knabbern Erdnüsse" war zwar angekündigt, aber noch nicht ausgeliefert. Das neue Jahr kam immer näher. Ich musste eine Entscheidung treffen und entschied mich für etwas Politisches: „Henry Kissinger denkt bei Harfenbegleitung nach".

Ephraim Kishon

Wer den Musikanten bezahlt,
darf bestimmen, was er spielt.

Sprichwort aus Großbritannien

>
> Es ist mit dem Witz wie mit der Musik:
> Je mehr man hört, desto feinere Verhältnisse
> verlangt man.
>
> *Georg Christoph Lichtenberg*

Gott achtet mich, wenn ich arbeite,
aber er liebt mich, wenn ich singe.

Rabindranath Tagore

Ich fege durch die Gegend und trampe weiter ...

Willst du immer weiterschweifen?
Sieh, das Gute liegt so nah.
Lerne nur das Glück ergreifen,
denn das Glück ist immer da.

Johann Wolfgang von Goethe

Wenn es der Zweck des Reisens ist

Wenn es der Zweck des Reisens ist, sich zu enthusiasmieren und innerhalb des Enthusiasmus sich glücklich zu fühlen, so kann man nicht früh genug auf Reisen gehen, handelt es sich umgekehrt um jene gerechte Würdigung, die verständig gewissenhaft abwägt zwischen Daheim und Fremde, zwischen Altem und Neuem, so kann man seinen Wanderstab nicht spät genug in die Hand nehmen.

Theodor Fontane

Sommerfrische

Zupf dir ein Wölkchen aus dem Wolkenweiß,
das durch den sonnigen Himmel schreitet.
Und schmücke den Hut, der dich begleitet,
mit einem grünen Reis.

Verstecke dich faul in der Fülle der Gräser.
Weil's wohltut, weil's frommt.
Und bist du ein Mundharmonikabläser
und hast eine bei dir, dann spiel,
was dir kommt.

Und lass deine Melodien lenken
von dem freigegebenen Wolkengezupf.
Vergiss dich. Es soll dein Denken
nicht weiter reichen als ein Grashüpferhupf.

Joachim Ringelnatz

DER URLAUB

Ein Mensch, vorm Urlaub, wahrt sein Haus,
Dreht überall die Lichter aus,
In Zimmern, Küche, Bad, Abort –
Dann sperrt er ab, fährt heiter fort.
Doch jäh, zu hinterst in Tirol,
Denkt er voll Schrecken: „Hab ich wohl?"
Und steigert wild sich in den Wahn,
Er habe dieses nicht getan.
Der Mensch sieht, schaudervoll, im Geiste,
Wie man gestohlen schon das meiste,
Sieht Türen offen, angelweit.
Das Licht entflammt die ganze Zeit!
Zu klären solchen Sinnentrug,
Fährt heim er mit dem nächsten Zug.

Und ist schon dankbar, bloß zu sehn:
Das Haus blieb wenigstens noch stehn!
Wie er hinauf die Treppe keucht:
Kommt aus der Wohnung kein Geleucht?
Und plötzlich ists dem armen Manne,
Es plätschre aus der Badewanne!
Die Ängste werden unermessen:
Hat er nicht auch das Gas vergessen?
Doch nein! Er schnuppert, horcht und äugt
Und ist mit Freuden überzeugt,
Dass er – hat ers nicht gleich gedacht? –
Zu Unrecht Sorgen sich gemacht.
Er fährt zurück und ist nicht bang. –
Jetzt brennt das Licht vier Wochen lang.

Eugen Roth

Wähle den Weg
über die Bäche
und stürze dich nicht gleich
in das Meer!
Man muss durch das Leichtere
zum Schwierigen gelangen.

Thomas von Aquin

    Die Natur hat dafür gesorgt,
dass es, um glücklich zu leben,
keines großen Aufwandes bedarf.
Jeder kann sich selbst glücklich machen.

    Seneca

Das Glück begreifen,
dass der Boden, auf dem du stehst,
nicht größer sein kann als die zwei Füße,
die ihn bedecken.

Franz Kafka

        Man entdeckt keine neuen Weltreiche
        ohne den Mut,
        alte Küsten aus den Augen zu verlieren.

        André Gide

Viele handeln so,
als wären Komfort und Luxus
das Wichtigste im Leben.
Doch zum wahren Glück
brauchen wir nichts weiter als etwas,
wofür wir uns begeistern können.

Charles Kingsley

Beim Blättern im Reisealbum

Unsere geliebte Ferieninsel – wie viel Sommerfreuden verdanken wir ihr! Schon vier Mal haben wir auf ihr Urlaub gemacht.
Wenn ich mir die Bilder ansehe, rieche ich wieder das Wasser, spüre ich wieder den Sand und den Wind in den Haaren, knallt mir die Sonne wieder auf die Badehose. Hier der vertraute Blick auf das Wattenmeer über Apfelrosengebüsch und blassgrüne Dünengräser hinweg bis zu dem dünnen Strich am Horizont, der das Festland andeutet.
Darüber – unnachahmliche See – ein weiter zartverhangener leuchtender Himmel.
Dort, in geglückter Nahaufnahme, der bläulich violette Strandflieder und die rosafarbene Grasnelke. Unübersehbar das fröhliche Gelb des Leinkrauts, an kleine Löwenmäulchen erinnernd, und die purpurroten Kolonien des Weidenröschens, in der Kargheit der Insel kostbare Farbtupfer.
Auf der nächsten Seite das muntere Leben und Treiben am Strand, das Spiel mit dem Ball, der Langlauf am Meer, die kunstvolle Sandburg der Jungen, die beim Wettbewerb einen Preis erhielt, das Plauderstündchen mit dem Besuch von nebenan, das tägliche Sonnenbad im Strandzelt. Die Haut hinhalten, mit den kreischenden

Möwen in die Bläue schweifen, denken und träumen, ein paar Worte wechseln, einfach dasitzen und spüren: Das Leben ist schön.

Detlev Block

Guter Rat

An einem Sommermorgen
da nimm den Wanderstab,
es fallen deine Sorgen
wie Nebel von dir ab.

Des Himmels heitere Bläue
lacht dir ins Herz hinein,
Und schließt, wie Gottes Treue,
mit seinem Dach dich ein.

Rings Blüten nur und Triebe
und Halme von Segen schwer,
dir ist, als zöge die Liebe
des Weges nebenher.

So heimisch alles klinget
als wie im Vaterhaus,
und über die Lerchen schwinget
die Seele sich hinaus.

Theodor Fontane

Mach dich auf und sieh dich um,
reise mal ,n bissel rum.
sieh mal dies und sieh mal das,
und pass auf, du findest was.

Wilhelm Busch

       Beim Reisen kann man entdecken,
       dass alle Unrecht haben mit dem,
       was sie über andere Länder denken.

       Aldous Huxley

Manche Menschen reisen hauptsächlich in den Urlaub
um Ansichtskarten zu kaufen, obwohl es doch vernünftiger wäre, sich diese kommen zu lassen.

Robert Musil

Früher fuhr man dorthin, wo etwas Schönes zu sehen war. Heute fährt man dorthin, wo es einen Parkplatz gibt.

Françoise Arnoul

Urlaub – das ist jene Zeit,
in der man zu Ausspannen eingespannt wird.

Hans Söhncker

Toren besuchen im fremden Land die Museen,
Weise gehen in die Tavernen.

Erhart Kästner

Inhaltsverzeichnis

I. IHR WERDET EUCH NOCH WUNDERN 6
Alfred Kerr: Geburtstagsgrüße an mich selbst 8
Theodor Fontane: Ja, das möcht ich noch erleben 10
Erich Fried: Beim Rasieren 11
Afrik. Morgengebet: Lebensfreude 12
Erich Kästner: Die vier archimedischen Punkte 14
Irischer Segenswunsch: Nimm dir Zeit 19
Andreas Malessa: Die Bibel neu entdecken 23

II. ICH ZIEHE MEINEN BAUCH EIN 26
Wilhelm Busch: Pfannkuchen und Salat................ 28
Rachel Naomi Remen: Lechaim! 32
Ludwig Uhland: Einkehr 36
Friedrich Rückert: Weite 41
Franz Carl Spitzweg: Des Genügsamen Trost 42
Gabriel Laub: „Gut siehst du aus, Alter!" 43
Friedrich Rückert: Eine Neige Wein 47

III. IHR SEHT DAS VIEL ZU ENG 48
Inschrift: Lebensweisheit 50
Indianische Weisheit: Nimm dir Zeit................... 51
Christian Morgenstern: Die Zeit 52
Eugen Roth: Einbildung 53
Eugen Roth: Für Kahlköpfe 55
Wilhelm Busch: Summe unseres Lebens 56
Theodor Fontane: Überlass es der Zeit................. 57

Thomas Morus: Gebet um Gelassenheit 58
Johannes XXIII.: Die zehn Regeln der Gelassenheit 60
Johann Wolfgang von Goethe: Lebensregel 63
Marc Aurel: Jung sein! 65
Ralph Waldo Emerson: Erfolg 66
Kurt Tucholsky: Das Ideal 67
Seneca: Die Kürze des Lebens 70
Ephraim Kishon: Man ist so alt, wie man ist 76
Eugen Roth: Weltlauf................................. 84
Mark Twain: Meine Uhr 87
Theodor Fontane: Tu' ich einen Spaziergang machen... 93

IV. ICH SINGE LIEDER UND WIR GEHEN TANZEN ... 94
Joh. Wilhelm Ludwig Gleim: An die Alten 96
Voltaire: Beschwerdebrief an Friedrich den Großen 97
Hanns Dieter Hüsch: Ouvertüre 99
Hanns Dieter Hüsch: Vier Harmonien 106
Ephraim Kishon: Schallplatten ohne Schall 109

V. ICH FEGE DURCH DIE GEGEND UND
TRAMPE WEITER 112
Theodor Fontane: Wenn es der Zweck des Reisens ist .. 114
Joachim Ringelnatz: Sommerfrische 115
Eugen Roth: Der Urlaub 116
Detlev Block: Beim Blättern im Reisealbum 120
Theodor Fontane: Guter Rat 122

Quellenverzeichnis 127

Andreas Malessa: Die Bibel neu entdecken, aus: ders., Jede Falte hart erlacht © Gerth Medien, Aßlar, 2019, S. 15–25.

Rachel Naomi Remen: Lechaim!, aus: dies., Aus Liebe zum Leben – Geschichten, die der Seele gut tun © Arbor Verlag, Freiburg; 6. durchgesehene Auflage 2015, www.arbor-verlag.de.

Eugen Roth: Für Kahlköpfe / Einbildung / Weltlauf / Der Urlaub © Dr. Thomas Roth, München.

Wir haben uns bemüht, alle Inhaber von Textrechten in Erfahrung zu bringen. Für zusätzliche Hinweise sind wir dankbar.

Bilder:
S. 6/7/66/68: © stock.adobe.com/FUMIPOKKUR, S. 8/11/20/21/22/26/30/33/37/41/44/47/48/50/51/53/56/59/60/62/71/72/77/79/83/85/86/89/94/97/98/104/106/108/112/114/116/118: © stock.adobe.com/aleutie, S. 39: © stock.adobe.com/koti

Quellenverzeichnis

Texte:
Detlev Block: Beim Blättern im Reisealbum © Alle Rechte beim Autor.

Erich Fried: Beim Rasieren, aus: 100 Gedichte ohne Vaterland © 1978, 1984 Verlag Klaus Wagenbach, Berlin.

Hanns Dieter Hüsch: Ouvertüre / Vier Harmonien © Abdruck mit freundlicher Genehmigung von Christiane Hüsch von Aprath.

Erich Kästner: Die vier archimedischen Punkte, aus: ders., Die kleine Freiheit © Atrium Verlag, Zürich 1952 und Thomas Kästner.

Ephraim Kishon: Man ist so alt, wie man ist, aus: Ephraim Kishon, In Sachen Kain und Abel © 1976 by LangenMüller in der F. A. Herbig Verlagsbuchhandlung GmbH, München.

Ephraim Kishon: Schallplatten ohne Schall, aus: Ephraim Kishon, Paradies neu zu vermieten © 1974 by LangenMüller in der F. A. Herbig Verlagsbuchhandlung GmbH, München.

Gabriel Laub: Gut siehst du aus, Alter!, aus: Ich schenk dir was. 22 erfreuliche Geschichten © 1994 by LangenMüller in der F. A. Herbig Verlagsbuchhandlung GmbH, München.